MARK THOMSON has been wi
tongue since leaving a building site job six years ago. He
performs his street poetry at poetry slams and festivals
including Big Word, bringing music and poetry together. After
meeting other like-minded folk on the Hilltown in Dundee he
and Gary Robertson formed street poetry partnership Tribal
Tongues. He now leads creative writing courses himself and
runs national literacy organisation workshops. His students
range from adults in Saughton Prison, to children, working
with Barnado's.

FAE,   MARK

ENJOY

Bard Fae Thi Buildin Site

MARK THOMSON

Luath Press Limited

EDINBURGH

www.luath.co.uk

First published 2007

ISBN (10): 1-906307-14-8
ISBN (13): 978-1-906307-14-1

The paper used in this book is recyclable.
It is made from low-chlorine pulps produced in a low-energy,
low-emission manner from renewable forests.

The publishers acknowledge the support of

towards the publication of this volume

Printed and bound by
Bell & Bain Ltd, Glasgow

Typeset in 10.5 point Sabon

Contents

Acknowledgements

Eh wid like ti thank sum o thi fowk that huv helped me alang thi weh in order ti rite this book an gave me so many pointers an let me meet so many different fowk that wid niver o been possible afore. So a special thanks ti Blair Denwette that seen thi potential in me an created so many opportunities fir me.

An meh mither, jist because shiz meh mither. An without Rachel, this book probably wouldna be oot until next year, shiz a star – respect – mi lady an now shi talks great Dundonian. An Neil Paterson made a grand joab o thi illustrations, eh wiz well chuffed.

An hats aff ti thi busker Stephen John Purvey ESQ. An meh rite-in partners fae thi Hilltoon, Kevin McCabe, Gary Robertson an thi fleh Fifer Pete Cura aka Milton Balgoni. An thi photography on thi front cover wiz done beh Gordon MacKenzie, again eh wiz well chuffed. Cheers lads an lassies, it's been a pleasure bein aroond so many creative minds. Ta… it's been a blast!

'hello there Fathir, ir yi dancin in heaven'

Dedicated to my late Father, Joe

Welcum Ti Thi Show

Ahrite there bro,
yir mare than welcum ti thi show.
Look it this, eh've got thi sale o thi century,
delivered on yir doorstep, alang we
travesty an treachery.

Cum, cum closer,

let me, tak yir life inta meh hands
let me, map oot yir life
let me, mak yir plans.

Let me, tak yir money on a daily basis,
let me, mak yi steal fae family an freens
an familiar faces, el even throw in a brief
fir ah yir court cases,
show up ah yir family, an gee them thi raed faces.

But it's gonna cost yi,
eh dinna cum chaip,
eh've got ti keep up we ah thi inflation rates
eh've also got ti square up ah meh mates.

So whut is it thi day big man,
whut wid yi like,
wid yi like me ti show yi yir fate
an el be yir best iver best mate,
el sort yi oot we a crackin bit o weight,
it's up ti you, fuck, yi dinna whant ti go straight.

But any weh, let me slur yir speech,
Diffs, Valleys, Tems, Mistys, thi perfect treat.
Let me, put yir haed rite oot o reach

this is thi weh eh wiz taught
so let me teach.

So that yir tongue canna comprehend,
thi messages that yir bren sends,
ah slow an lethargic, but hey, it's fuckin magic
it's only yir life that's gonna be tragic.

But it's gonna cost yi, eh dae a fair deal
eh've got broon sugar in thi hoose
that's yirs fir a steal.

It's thi done thing, it's thi done deal.

Speed, Es, Coke, Smack, Crack,
you ken, an eh ken
em yir man, an that's a fact.

So there bro, keep on comin ti meh front door
an in time you will see

El turn yi inta half thi man
that yi wir iver, nivir gonna be.

Tuesday, January 2006
Tam

Fir Rab

Eh thought it wiz only rite that eh
should sit doon ti rite thi nite

Ti spare a thought an create sum verse
an salute thi time when
Rab graced this earth.

A man in ah eis glory as ei penned doon
ah eis poems an stories.

Warm, rich, imagination reekin
ei hid a weh o talkin we eis
ane tongue speakin.

Yazin thi Scots dialect ti great effect
we nae shame or disrespect
eh feel so proud that eh wid wear
eis kecks an tak a cup o kindness
when readin oot whut ei reflects.

Christ, ed rip meh breeks rite aff meh hurdies
an dance in broad daylight in meh undies
in thi hert o Dundee.

But eh dare no git meh knickers in a thrave
man's social union is still trehin ti
tell me how ti behave.

But em no a man fir takin any advice
thanks ti you Rab eh now hae a choice
whither eh listen ti ah thir wind an pish
ah polished up an got thir wish
a borin cunt that widna go amiss,

suckin through strahs in cocktail bars
trehin ti be a smoothie an actin ah choosie
while spehin oot eis floozie.

Cumin across ti be an intellectual
but we ah ken that eis bi-sexual,
yi wid be as well talkin ti eis grannie,
shiz mare influential.

An auld mare crooked that naebuddie
wid look it.

No like yirsel Rab,
a guid raed-blooded male, hung like a bull
or twa pots o kale, an bonnie lassies
flock roond yi as yi lift yir tanker
ti swally yir ale.

So enchanted we yir banter, yir wit,
yir swagger, yir laughter,
no ti mention Tam o Shanter
fae Ayr ah nicht ei did canter.

Spewin oot clever lyrics an ti hell
we ah yir cynics.

As flees do gether aroond shite,
eh do believe that yi got it rite
in yir plight ti say whuts rite,
an let yir haed gallop awah
inta murky, dark, dreich, stormy nichts,

We pishin ren warlocks an witches
whar Auld Nick sits sleekit
laughin in stitches.

Whar ah eis disciples cum in handy
an help um oot we a knuckle shandy.

It widda been bliss ti be sittin full o it
in thi nappy, listenin ti yir
guid-sel sir, makin fowk happy.

As yi gee meh pulse a clatter an a wallop
as eh backward cast meh een,
Christ yi wir guid Rab, thi best bard
this world hiz iver seen.

Kind regards ti yirsel Sir
an plant a kiss fae me
on yir bonnie Jean.

Tuesday, 2004
by candle light in meh kecks
o that wiz bra

Bang

It wizzna jist anither
friday night.

O no, no, no

This ane started aff we a
BANG

But no in meh veins, thi rye buck booze
wiz meh pleasure cruise.

Meh haed corroded then exploded
half-full cans an fucked-up plans
bottle o easy rider
talkin shite ti any cunt
that sits aside yi.

So thi canna sit fir lang
eh think that's whar eh went
wrang.

No an ounce o sense tae
until yi git yirsel up
thi followin day.

Then thi tell yi whut yi hid ti say

Nah – nah – eh didna?
EH YI DID

August 2003 a night
Tam
(oops) eh maks yi think...
ill no dae that again?

Bold Boy Returns

O HERE EI CUMS,

Back again fir mare,
stearn is eis stare
an war ei diz declare.

As bold as fuckin brass
an a proper pain in thi arse,

We a swagger an a attitude
that's completely wrang
but thi bold boy
dizzna sing any ither sang.

Aye-wiz heard afore seen
a walkin fuckin nightmare
if iver thir his been

Guaranteed ti fuck up yir nite
manners far fae polite
coz ei dizzna gee a fuck
an in conversation
eis nivir stuck.

Ei shouts an laughs far too loud
ei canna see, that eis thi
biggest prick in thi crowd.

But eis ego his grew,
too big fae eis baets an shoes,
eis on a mission we fuck all ti lose
apert fae a crack in thi puss
an a brand new bruise.

But that's jist par fir thi course,
eis bravado ei jist canna separate
or divorce.

Aye-wiz on eis heh horse
or on that horse that got lost
an lookin ti double-cross
nippier than Jack Frost,
so ei thought.

An argument, eis nivir lost
ah guns blazzin
whutiver thi cost
it's fuckin Captain Chaos.

Himself,
in person, rage-in
an reekin,
fightin talk ei is speakin

Complete we takin eis tap aff
it thi drap o a hat
ootside now,
eis gonna put yi on yir back.

Nixt thirs a table in thi air
holy open murder
his jist went spare,
murder, polis,
an ah hell his jist been let loose.

Bold boy's on thi rampage
eis absconded fae eis cage

But ei maks a fatal mistake
beh knockin ower four guys jars
this is whar eis got eis battle scars.

O Bold Boy

Yir days ir numbered
an remembered
look how many folk
that yi be-friended
an offended
ah on thi same nite,

But yir jist no happy
till you cause shite.

Sunday, November 2006
Whut a cunt an a half ei wiz
Eh thi winds blowin a gale

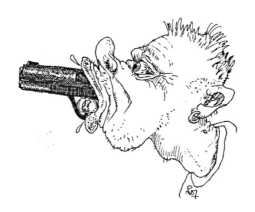

Blind

Eh nivir seen it comin,
but eh kin tell yi how it felt,
eh didna git a chance ti git meh fut
turned an it wiz too late ti
call on help,
it wiz worse than a crack in thi puss
or sittin on a bus, waitin on
a nail bomb ti go aff in yir puss.

We nae warnin sign, or trace, crystal clear tae
when it exploded inta meh face,
no so far fae whar you are.

Thi memory performs, rite now
within meh mind, meh bravado wiz bold
but it caught, it caught me
blind.

Is it ah so confusin that it ah maks
sense, it's ah thi same now, so
whuts thi difference.

Like a traffic light,
thirs only three wehs ti go,
fuck bein stuck in amber
an raeds far too fuckin slow...

So if we meet again in thi passin
as friends, let's no firgit an
let's no pretend,
that once we shared covers
an friction, beh rubbin
sum skin, but that wiz back then
so here we are, now
blind
again

Sunday, January 2005
Aboot half four
Tam
Got thi tatties on

Me

Em sentimental,
sumtimes mental.

Eh wear mi hert on mi sleeve,
eh ken that's hard ti believe
eh've got foes an fears
thirs been ups an doons
ower thi years, an sum
huv ended up in tears.

Eh've been broken-herted an
offended, handcuffed an apprehended.

So there yi go, eh've been
a lover an a crook, now em tellin it
jist like an open book.

Eh've been spat on, shat on
eh've committed crime, many a time,
an still went back an stole
thi wine, an god did it taste
so damn fine.

But as a bairn eh loved ti climb trees,
go bird-nestin, an eh aye-wiz hid
skint knees, it's nature that his
taught me.

But in thi skail, eh hid meh ane desk,
thi teachee wouldna let me mingle
we thi rest.

Shi said that eh wiz too disruptive
within a group, so fae thi ootside
shi made me look.

12 September 2004
Eh it's no gettin any easier
Tam

Shi Wore a Dress

Shi wore a dress
that shi widna normally wear
normally shi jist widna care.

But talk aboot Cinderella
goin ti thi ball
shi towers above thi ugly sisters
shi maks them look so small.

Unaware o ir potential
heh heels ir no essential.

Like Olivia Newton John in *Grease*
shiz no influenced beh thi fashion police
shil tak yir wicket
an wrinkle yir crease.

Shi thinks that shiz ower-dressed
but hey, me an many ithers
wir well impressed.

Shiz gifted
shiz blessed.

Eh dinna whant ti sound
too sleezy or cheesy
but shi maks it so easy
sayin thi complimentary thing ti say
eh seen it fir misel
eh seen it thi day.

Shi blew me rite aff meh feet
but em gled em still here
ti mak this poem complete
shi looked cool
an folded neat.

                          Friday, 2006
                               Tam
              Well that wiz a shocker
                             Sweet

Mind Yir Lang-Widge

Eh,

It's a funny thing, ken that sound
that cums oot yir mooth,
ken thi lang-widge that yi talk
when yir in thi hoose,
whar yir tongue is
comfae, cozy, warm an loose.

Ken that form o communication
that izna recognised beh thi
rest o thi nation.

Eh, an thi say,
it's no socially acceptable
or politically no correct
an it's lackin in respect.

But when em made ti cheenge meh consonants
an meh vowels
meh tongue gits tangled,
thi result is that meh dialect gits strangled,
mangled, crushed an trampled on.

It's scandalous, an it's takin thi piss
it strips yir identity
fae thi generations past that ir
sadly missed, em seek o gitin telt
ti talk Inglish
instead o Scottish
especially when eh live in Scotland
an proud ti be a Dundonian.

An thi conversations that eh hae we
meh grannie, meh aunties,
meh uncles, meh fathir,
meh mither, meh brither, cousins
nieces an nephews.

Ken aboot thi simple things
like thi withir or thi six o clock news
or jist sharin an airin
wir points o view.

Talk yir tongue
like yi really care
yil find that it's indigenous
so be aware that it dizzna crack or tear
it's nae wunder that eh fuckin swear.

One nation, many lang-widges
so put that on yir pieces
or yir sandwiches
but dae us ah a favour
an mind yir lang-widge.

Sunday, September 2006
Tam
Teckle

This May Cause Drowsiness

It sayz on thi label, avoid alcohol
dinna drehve or operate machinery.

Jist thi fuckin joab, that ill dae me,
el tak a handful o these
an bring misel ti meh knees.

So, sit back, relax,
an check thi nick o me.

But hey it's cool thir ah on prescription –
it's a legal addiction?

It's better than chappin on doors,
yi dinna git nae friction.

Score-in fae thi chemist it dizzna git
much better than this?

An em on first-name terms we thi pharmacist
fuckin bliss...
Satan's kiss...

Ahbuddie that eh ken is dain it
thi've jist
      got
        a
           problem
                we
                    sayin
                        it.

Eftir eh've tane thi overdose
meh eyes start ti flicker an eh start
scratchin meh nose
an time goes dead s   l   o   w

Eh lose track o time an eh firgit
whar an when ti drah thi line

eh dinna ken how ahbuddie gits thirsels
in such a state.

Look it me, pardon meh time-in it's aye-wiz
far too l   a   t   e
it's lackin conviction an em rapidly
losin weight.

But eh think it's great
livin in this bubble yi dinna need ti deal we
life an ah its troubles
an meh tolerance levels
huv now doubled.

Jist lave is be
eh love bein oot meh tree,
it's a great view fae up here
if only eh kin open meh eyes
lang enough ti see,
eh've forgot aboot thi guy
wha used ti be me.

Uv course em gonna tell yi lehs
eh dinna ken how yir actin so surprised
yiv seen meh capabilities
afore yir very eyes.

Uv course em gonna
let yi doon ill dae it again
an ill dae it soon.

Uv course ill stale oot yir purse
eh've done it afore,
fuck – eh've done wurse.

Eh – eh wid stale yir medication
yi dinna ken whut eh go through
yi dinna ken meh frustrations
an yir tellin me
that eh couldna care less?

Warnin, please read thi label,
this may cause drow   sin   ess.

Monday, 2006
Tam
eh nivir ken till it's far too late...
look it me?...

Eh Wish

Eh wish that eh wiz a souvenir
that yi pinned yir hopes upon,

eh wish eh wiz thi fingers fir
yir gloves, each time yi
pit them on.

Eh wish that eh wiz thi full moon
on yir darkest nights,
eh wid shine fir yi,
geein yi an internal
an a external
light.

Eh wish that eh wiz there
each time yi faced despair
jist ti show yi that sumbuddie
really cares.

Eh wish that eh wiz any ill feelin
that yi might find yirsel in
eh wid go oot meh weh
ti help yi shed a new
skin.

Eh wish that eh kin anchor yi,
an harbour yi, if or when
yi stray,
eh wid hid yi so tight
an mak share that yi nivir
drifted too far away.

Eh wish that ah these wishes
will sum day ah cum true,
an that day ill be,
when an whar that eh meet
you.

a Tuesday, September 2004
Tam
Em ah loved up

Thi Verdant Mill

Bachin
saftnin
cardin
rovin
spinnin
windin
beamin
weavin, finishin.

It ah started aff fae thi flow
fae thi scourin burn,
this created thi steam
so thi machinery
kin run.

An run thi did,
powerin seventy looms an a workforce
five hundred strang,
we a thousand hands
in harmony.

But be prepared fir a hard day's graft
sixteen oors a day, an thi money,
wiz jist enough
ti git yi beh.

When thi kettle biler wid
sit at hame an drink
yi dreh.

But no at thi Verdant Works
they hid thir ane watter
supleh.

Bachin
saftnin
cardin
rovin
spinnin
windin
beamin
weavin, finishin.

Kin yi hear ah thi machinery
we thir thunderous noise,
Dundee's thi place ti be
we thir wild warblin,
an ah thir squabblin.

Thir wir notorious fir hain
a foul mooth, that's whut yi git,
nuthin but thi truth,
fae under thi raef
o thi Verdant Mill.

Vanished fae time but no
fae oor minds.

A history that stems fae Jute
an Dundee wiz its roots,
entwined we many
different cultures,

When ah thi jute barons
wir thi vultures.

Work hard, play hard
wiz thi only solution
in this boomin,
industrial revolution.

Thi mill wiz thick we stoor,
even thi bairns wir made
ti work lang oors,
but yi hid nae choice
if yi wir poor.

But it's a massive pert o oor
history, let's no mak it a
mystery.

Thi Verdant Works is livin proof,
cum back in time,
an see whut lehs
under its raef.

Friday, August 2003
Tam
Eftir a day at thi mill
whut an affy noise

100% Dundee

Thi say that Dundee's no got any culture?
We nae vision an we dinna hae a dream?

Well that's a load o shite
Dundee's a class act, an em here now ti pit
Dundee back on thi map.

Thirs plenty talent ah aboot
it's jist kennin whar ti look.

So jist listen oot,
fir that Dundee twang
an yi canna go wrang.

Ah we git whar iver we go is
eh, pehs an bridies.

Well we've got a mare complicated
dialect than that.

So fine an diverse, belts, buckles, braces,
an booted an well-suited
fir thi spoken verse.

It's so easy fir us ti roll wir Rs
an wrap wir tongue aroond thi raggit
edges,
then drag it backwards ti mak it mare
awkward, but that's nae bather,
that's straightforward.

So dinna tell me that thirs nae culture in Dundee
thirs plenty scope ti create a vision,
an self-belief, ti mak a dream.
Ken whut eh mean?

Em bigger than life
but life is bigger than me
but this ill aye-wiz be
100% Dundee.

Monday, February 2003
Tam
Eh eis got a point

Thi Light

It's cheengin, so am eh,
em cheengin we it, but eh jist
go we it.

Eh canna dae anythin else
it's bigger than me
it's bigger than you
it's bigger than us.

So jist enjoy it, an shut yir puss.

Tak it in, adapt, eh ken yi can
we've done it afore
we kin dae it again.

Wir just shades o wir reflections
nuthins cheenged, whut wir yi expectin?

Me, em jist reflectin.

August 2003
Tam
So there yi go…

Sumtime

Eh've fund misel sum quiet time,
so eh've tane thi time,
ti rite these lines.

Thirs nae use in greetin
thirs been nae crime
but still eh canna find
that piece o mind.

So eh must be honest
we misel ti git me oot
this livin hell,
maybe its jist as well
eh've got this story ti tell.

Negativity KIN NIVIR pull
me through,
eh must start ti understand
an look it thi
wider view.

But this pressure that wi canna see
it's so effective,
em sure that yi
will agree,
thank fuck
it's no
jist
me.

December 2005
Tam
Ane night eftir anither ane

Fir Goges

Eh jist got telt thi day an
felt that eh hid ti rite
sumthin rite away.

Goges wiz a cool dude
eh kent um fae meh skail
days.

Ei hid went through a
few problems in life,
enough in eis eyes
that ei hid ti tak
eis life.

Fuck no Goges,
fuck no.

In meh eyes, you hid a
lot mare ti offer afore
yi hid ti go.

But only you kent yir
reasons fir lave-in,
eh kin respect them
but it's harder ti
accept them.

We ah pay sum kinda price
so sad ti hear Goges that
you chose ti pay we
yir life.

But yir circumstances,
eh ken, that they wir
horrendous,
but it's hard ti sit
doon, ti sit an rite
aboot this.

Goges buddie,
yi will go amiss.

Thursday, November 2003
Tam
Respect...

Twa Bitches Thi Doag An Me

Fae thi mate's cottage it
Loch Ferm, onlookin
Bonnie Dundee.

Em thi riter in residence
this poem bein thi
evidence.

Fae here thi air smells as if
it's got mare texture,
it's got that sumthin
extra.

It's hard ti explain
a taste an a smell,
it smells an tastes
like thi country
nuthin else.

Thi rooks huv calmed rite doon
an moved ti anither field,
takin we them ah thir
squabblin squeals.

Jist thi rooster left ti
contend wi, nae big deal
ei dizzna bather me.

Well it's time fir me
ti mak a move,
thi doag an thi twa bitches
need thir quick fixes,
we're aff oot fir a walk
through thi trees, thi lang grasses,
ower an under thi ditches.

Wednesday, September 2003
Tam
Eh, you thought...

Movin

Eh canna move thi earth
fir yi.

But eh wid
step in thi ring we thi
heavy-weight boxin champion
o thi world.

Jist ti hae yi in meh world.

Ed fight ti thi death in thi ring
o thi coliseum,
ed exchange thi Mona Lisa
an pit yir picture
in ivery museum.

Ed fend fir yi in thi hert
o any jungle,
yi wid nivir fear
fae any troubles.

Eh wid tak on
an face thi beasts
that yi fear most.

Eh canna move thi world
but eh will cum close.

Seturday, November 2003
Tam
Eh mean it...

Dad

It dizzna git any easier,
especially on this day o thi year.

It's hard ti sit doon an rite
a simple verse,
it wid be better if yi wir still here,
so that we kid converse.

Instead eh resort ti
placin wurds apon a page
trehin ti condense, express an gauge.

A task that eh wid rather no dae,
but we remember him well
on this eis remembrance day.

13 May 2005
Quartir ti twelve
Tam
Chin up kid

Thi Door In Thi Digs

Chap on it
cum in
chain it
git oot it, turn thi yale an go ti skail
gee it a mortice an tenon
an a mortice lock
git it a good ane
ane that's hard ti knock.

Put a letter box on it, put a letter through it
mak thi postie redundant, deliver yir ane
signed, sealed an delivered
an thi junk mail ill be gone
firiver.

Whut goes on behind it?
Only you ken.

First fut it
git punted oot o it
close it behind yi
open it, but dinna cross it.

Git a knocker, go through it, kick it in
an dinna bring thi coppers.

Put a handle on it, aluminum, brass or chrome
whar yi sit on yir throne
gee it a number, a name, an a bell
keep it fae bad smells.

Dinna darken it
dinna pish on it
an whutiver yi dae dinna shite on thi step
wipe yir feet on thi mat afore yi cum in.

Gee it a speh hole, wait on yir giro
fae thi dole, gee it sum hert an soul.

Attach three hinges, a hole fir a key
a latch an firgit
aboot thi leeches.

Swerve it,
screw it
jist lave it ajar
git a revolvin ane, slam it, jam yir fingers in it
feel yir nerve endins split.

Gee it a threshold, spray it gold
pent it, varnish it, stain it

Dinna bring yir troubles ti it
bring sum love through it.

If yi canna,
FUCK OFF.

                    Seturday, September 2006
                        In thi digs, Glesgay
        Got punted fae seventh heaven, deary me

37

Thi Bus

Eh've been searchin fir inspiration
eh've been clockin thi nation.

Eh've been tappin inta ah thi
nooks an crannies, eh've been sittin on
buses, eavesdrapin on grannies.

Thi wir talkin aboot basement bargains
an knitted cardigans, an how gled
thi wir ti see spring again.

It's nearly meh stop, so eh look fir
thi bell, then eh hear a wee story
aboot kiss an tell.

So eh sit back doon an gee meh stop a miss
em stehin on ti thi terminus.

Thi bus is full o a thousand thoughts,
turnin wheels, easy lovers an
firgit me nots.

Sum ir jist reflectin back
on a hard day's graft,
quilted conversations an
a casual laugh.

Sum bury thir haeds in thi tully
until, ding, ding
an thi git aff.

10.41, Sunday, 2004
Tam
Here cums thi conductor
Huv yi still got yir ticket?

38

That Lost Feelin

Meh haed is ah ower thi shop,
em no very share whar it's ah goin
eh dinna ken when it's ah gonna
stop.

Eh canna seem ti put meh finger
on things
torn is meh wings,
eh've nivir pretended ti be
any angel but eh've still got feelins
above ah ither things.

It's so strange
how thi play aboot
we meh haed.

Eh canna control them but
eh thole thum.

Spaced oot feelin like a fruit
how di yi heal a feelin?
Without losin thi plot or jist
fuckin squeelin

Lost is that feelin.

Seturday, January 2004
Tam

Chaos At Thi Kale Pot

Thir wiz twa dizzen o them mibey mare,
thi were ah gathered aroond thi kale pot
in thi middle o thi flair.

Then ane o them said,
that thi hid hardly
pit in any barley.

Well thir wiz anither ane wha disagreed,
an said that thi wir needin
a lot mare peas.

Anither ane hid thi cheek
ti say that thi wir needin
a lot less leeks.

Well me, eh wiz ootraged,
an hid ti lave a few chozen
wurds fae this page.

Thi stupid cunts firgot thi neeps,
call yirsels chiefs, well eh wid
nivir huv guessed, any cunt kens
that a bowl o soup
needs neeps.

Eh then kinda simmerd doon.
Meanwhile thi pot wiz bile-in up,
anither ane said that thi hid
slipped up,

Thi ah forgot aboot thi chicken stock,
now thirs a spot o chaos
roond thi kale pot.

Now thi smell in thi air is evident,
yi shoulda been there,
thi haed chief, aah ei wiz goin
spare.

Ei said it wiz ah meh fault,
thi hard neckit cunt, said
that eh hid pit in too much salt.

Ei wiz blamin ahbuddie fir
naebuddies mistakes.

Me, personally,
eh thought thi soup
wiz fuckin great.

Monday, February 2004
Tam
Whut a kerry on

Stirling Bridge

On September thi 11th in 1297,

Andrew Murray an William Wallace
lay in hidin, an thir time thi
wir abide-in.

An thir unwelcum hosts came in thi shape
o an army we a cavalry on horseback
an thir plan wiz attack.

But on thir route ti Stirling
Murray an Wallace hid done thir work
many hid died but it wiz worth
thi hurt.

Thi besieged, fractured, an recaptured
whut wiz rightfully oors as thi smell
o battle time lours.

Pride, power, castles an lands wir now
back in Scottish hands
whar thi belanged.

An thi Inglish officials that wir left,
wir confined an stuck a prisoner within
thir ane castles, thi perfect hassle.

Unable ti administer or collect thir taxes,
thi knot got tighter, as thi Scots
fired, tempered an sharpened thir axes.

Then thi plan wiz set that thi Inglish,
once an fir all, wir gonna git wet
in a battle that thi'll nivir
firgit.

Ivery Scot stood on fut, we confidence
in ivery wurd sayed, watchin patiently
fae Abbey Craig, jist north on thi
River Forth.

Thi bridge it Stirling wiz thi target
thiz wiz gonna be a hard hit.

Hugh Cressingham an thi Earl of Surrey
wir aboot ti be sorry.

Oot-foxed an made ti feel like fools
thi plan wiz brutal, crucial an better
still it wiz cruel in order ti topple
an Inglish rule.

Murray an Wallace gave a shout,
then history unfolds in this bout.

Thi hid been taught ti show thir opponents
nae respect, thi battle it Dunbar
an previous battles wir tane inta effect,
this wid prove ti be a sweet regret.

Thi bridge wiz far too wee
fir man an horse ti cross,
so like Noah's Ark thi came across,
it wiz time fir thir lives ti be lost.

Thi cut them aff when thir wiz
enough ti confidently handle, an
thi rest o thi Inglish men wid complete
thir ane strangle.

Thi couldna deploy thir horse,
an thir army wiz gettin destroyed
on thi bank ti thi North.

Cressingham wiz slaughtered an slayed
on that side, an ti thi South
thi Earl o Surrey seen, scurried,
an went back ti Berwick fir a place
ti hide.

Thir men wir trampled on fae thir ane men,
as a charge an a retreat meant
that thi fell it ane anither's feet.

Thi horse couldna handle thi force
o thi river, thir plan wiz
sweet, shrewd, precise,
cool, calm, an clever.

Murray an Wallace we will salute
an thank thir herts foriver.

Monday, 2006
Tam

Snoop Dog

Woof, woof, callin Snoop Dog
eh sound better when em half canned,
or sittin on thi bog.

Anither American rapper that produces
this shite they call rap,
that prances aboot on thi stage
lookin like a full-on pap.

O eis really dead slick an hip even ulthough
eis a bit o a dick,
but ei acts so cool,
but hey Snoop Dog em naebuddie's fool,
yi canna pull thi wool ower meh eyes,
an that American accent
eh fuckin dispez.

Wha thi fuck is yo-yo an whar thi fuck ir you,
yir presence geez me thi boke,
an on occasions eh huv spewed.

Walkin aboot we pigtails
like a wee lassie fae thi skail,
yi shoulda cheenged yir name
yi shoulda cheenged it ti Gail,
an still yir trehin ti look butch.

Fuckin hell, cum on ti fuck Snoop
jist you sit rite doon
an gee me twa pahz, ahhh yi look so cool
when yir lickin yir bahz
or pishin on paper o yi
mak an affy mess,

But mind you, yi wid look affy bonnie
in a flooery dress, treh that ane dude
then yi might impress.

Eh widna hae yi any whar near meh hoose,
cause eh canna stand whut cums
oot your mooth.

We ah that American pish driblin oot your puss,
how thi fuck did you get whar yi are now,
eh recon that yir nuthin
but a big girl's blouse.

So whut yi gonna dae aboot that,
an thi fact that eh think
that yir a full-on twat
an yir swagger is jist an act.

So let that be a lesson,
because it wiz a full-on attack,
dinna fuck we me
when it cums ti talkin back,
now that's whut eh call
a rap.

O an by thi way,
yi canna bark, an yi certainly canna bite
an yir lyrics ir nuthin shoart
o shite.

Friday, November 2005
Tam
That's shockin that, so it is

A Wurkin-Class Man

Em nae fan o thi government or any o they politicians
this izna meh mission in life.

Eh've got a wife an bairn,
that eh only whant ti mak happy in any
which weh eh kin.

Eh dinna hae a lot o dough
ti go oot an blow on a fancy
slap up meal fir three,
that wid cost an erm an a leg.

Eh wid rather git meh haed doon, dae meh graft,
hae a laugh an a crack
an talk aboot this an that
an earn meh braed – an honest buck.

Eh dinna whant ti be a politician
whut is eis mission?
Mr do good tellin me whuts rite an wha's wrang.

Ill-dain joe public, cumin oot we
big lang wurds an fancy sayins.

Whut is ei sayin?
Brack it doon, tell is how it is.

Eh didna hae a lot o dough fir a good education,
but em still pert o thi nation,
an civilised within thi nation
an yi wonder how eh feel frustration?

Eh am thi nation!
Withoot me you wid be oot o a joab
an on thi same road as me,
then whut wid yi dae we yir big lang wurds
an yir fancy sayins?

A wurkin-class man that's whut eh am,
we are thi masses oot ah yir social classes
whut stands afore us ill no go past us,
em no faird ti git meh hands dirty
an eh dinna need you there
neither ti bath us,
dinna tell us whut ti dae
jist ask us!

You guys huv got ah thi cash an plastic,
eh canna go aroond thi world
in eighty days, meh pocket
jist couldna tak that,
eh wid hae ti save fae here ti eternity,
if eh whanted ti dae that.

An yit yi kin sit there rubbin yir hands
it thi expense o thi masses.

If eh've done meh sums rite,
eh think that you owe me,
so gee me sum o meh cash back.

You guys ir takin thi piss,
thirs no ane o yiz that kin cum clean
an honestly say that yir hands
ir clean.

Meh hands ir dirty through meh graft
whar eh hae a laugh an a crack
an talk aboot this an that
an earn meh braed an honest buck.

When eh whash meh hands eftir
a hard day's graft, meh hands ir clean
an conscience is clear,
is yours? Eh dinna think so.

Whut aboot away thi guy Lord Archer
wha went aboot we that Dame Thatcher.

He wiz a bra boy wiz eis?
A modern-day highwayman
rite whar ei belangs
behind bars an no behind a government.

A wurkin-class man!
That's whut eh am!

Whar eh hae a laugh an a crack
an talk aboot this an that
an earn meh braed an honest buck
an that's a fact!

Kin any o yi tell me an honest fact
we yir hand on yir hert, RELAX!
Yir face says it ah,
will no go inta that.

Eh like ti go oot we meh mates an hae a beer
nae cash fir questions,
jist fir anither roond,
nae fancy restaurants or heh-class hoors

Em jist oot fir a geem it pool,
a laugh an a beer,
eh've no got a but on thi side
but eh huv got meh pride.

Huv yi iver picked up a brush a pick
or a shuvel?

Stop tellin lehs yil only git yirsel
inta trouble,
but that ill no bather you.

Yi dae it fir a livin withoot takin a raed face
now that's whut eh call a disgrace
an yi dae it on a daily basis
how kin yi dae this takin advantage
o yir status.

A wurkin-class man!
That's whut eh am!

Well that's me fir thi day
eh've done meh graft it's time fir me ti relax
eh've hid meh tea,
now it's time fir me ti put meh feet up,
an warm meh bones up beh thi fire.

Meh missus in thi kitchen dain thi dishes
meh turn thi morin,
shi wishes.

Thi wee man is playin in eis room
we eis mate, ei is eight an so is eis mate.

Eh've jist turned on thi TV.

Ah nah – dinna geez it,
eh dinna believe it!

Yir still hain thi same argument
that yi hid fae eh wiz knee-heh.

Eh dinna care wha's rite an wha's wrang.
Jist soart it oot fir ivery
man's salvation jist run thi nation
mak it wurk fir thi next generation.

Now off yi pop,
eh've jist cheenged thi station.

Tuesday, March 2005
Denner time

Back Then

Eh wiz a good lad that went bad,
but thir wiz loadz o fun in thi ootside
world, full o laughs an banter
doubled up in kinks
laughin fir weeks.

Playin Tarzan, climbin trees, bird-nestin,
life wiz a breeze.

Settin fire ti thi bins we skint knees,
playin chic-a-nelly in yir wellies,
nose snottery, feet smelly.

Playin geems it manhunt, rely-foe,
walk thi plank or join thi crew,
runnin free, feelin brand new.

Or playin a futba geem that we made up
it wiz called thi world cup,
a knock-oot competition that wiz competitive
that's jist thi weh it wiz.

We wir so up fir it, bite-in at thi bit,
playin til thi sweat run doon wir backs
as eh stop thi ba daed in its tracks,
eh wiz covered in mud an grass stains
we nae complaints,
eh tore meh troosers
but eh wiz determind
no ti be a loser.

We wid argue aboot if it wiz a penalty,
or no, thir wiz nae referee, we ran thi show,
we wir thi referees in charge o wir ane
rules, frustrations an regulations.

Em positive that it wiz a penalty though.

But thi followin day, life turned grey,
it wiz back ti skail whar meh thoughts
wir pale.

They hid thir any rules an regulations
an fir me thi hid nae patience
but eh didna hae much say,
punted doon thi black hole
fir anither lesson

Now that's whut eh call
a penalty.

Wednesday, January 2005
Eh canna firgive them

Fond Kisses

Eh kiss ir on thi forehead jist afore
wi go ti sleep,
eh've woke up through thi night
an kissed ir when
shi wiz asleep.

Eh've kissed ir so many times
within meh dreams, so that means
in reality, eh've kissed meh dreams.

Eh've kissed ir in a nonchalant fashion,
in ir jeans, in thi fridge, in thi kitchen,
jist in thi passin.

Eh've kissed ir in a room that's been
blisterin we passion.

Eh've kissed ir as troubled tears
huv been rollin doon ir cheeks,
so eh kissed ir sum mare,
an let ir hae a greet.

Eh've stole a kiss as shiz lehin,
soakin in thi bath, then later on,
eh kissed ir when wi wir doubled up
an jist hain a laugh.

Eh've kissed ir when shi diz
thi simple things,
like makin a cup of tea,
eh've even kissed ir on thi toilet saet
as shiz been havin a pee.

Ed kiss ir any-whar
it dizzna bather me.

Eh kissed ir first thing this mornin
as shi opened ir eyes ti see...

x

Friday, June 2005
Tam
Cause shiz worth it

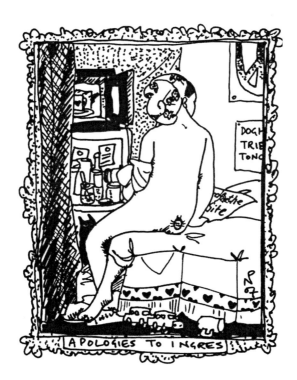

Thi Language Barrier

Eh wizzna yazed ti talkin in so-called
proper Inglish.

Only when eh sat in thi classroom,
did meh tongue talk in anither tune,
it didna feel cumfae
an it cheenged meh accent, it didna flow
an eh couldna really git across
whut eh really ment.

It wiz thi teachee that wiz talkin
in thi foreign accent, it wizna me.

Eh wiz only talkin in thi only weh that eh kent,
passed doon fae meh mither an fathir
they kent whut eh ment.

Coz when eh got oot thi classroom
an in thi playground, then meh tongue
played sweet in tune,
o an whut a bonnie weh it talks
when eh talk in Scots.

So fine an direct that's how we've gained
oor respect, nae langer thi days
I talk correct.

Inglish is a second language ti me
so dinna tell me that meh dialect,
is so oary, rah or incorrect
please treat it we sum respect.

So Scots fae ah ower oor land
let's keep oor language close it hand,
let's shout it oot, let's tak a stand,
let's keep oor pride an glory
an keep tellin thi world oor
enchantin stories.

That diz impress thi world ower
fae Russia ti thi cliffs o Dover.

Nae man his thi rite ti deny me
thi weh that meh fathir aye spoke ti me.
It's only thi teachee wha disagrees.

Friday, 2003
Shockin

Shi Smiled

Eh saw ir fae across thi road
ir smiles faded, on ir face,
it showed.

Shi smiled again, awah back then,
in meh mind shi appeared.

When shi smiled fae ear ti ear,
back in thi days when shi wiz near
when we walked on thi same side o thi street
when shi wiz here.

Shi wiz walkin we anither guy
ir smile seemed ti deh an thi look in ir eye
fell doon in thi shape o a tear
ir smile disappeared.

18 July 2005
Jist afore mi birthday

Cannie Annie

There shi goes,

Eh kin tell it's hur beh ir yella nose.

Shi jist landed on a flooer
fower feet in front o me
a yella nose meh ehs spotted
a yella nose meh ehs
did see.

So it made me wunder?
How this wiz ti be,
eh've nivir seen this
on any ither bee.

So curious eh pursue,
a strange wee creature
much wee'er than me or you.

We hairy legs an hairy back
an a nose that wizzna bleck
so eh picked ir up
an thought whut thi heck.

Well eh couldna, an still canna believe
that shi nivir stung me
but tickled meh hand
as shi furiously
trehd ti flee.

Passed doon through thi generations
a tribal thing, kennin that
shi canna sting.

So bonnie is ir wings
an whut a bonnie wee thing.

There shi goes,

Eh kin tell it's hur
beh ir yella nose.

September 2005
Tam
Thi mist his jist set fir thi nite

Shi Starts It 5

Gitin ready ti start ir shift
preparin ir-sel fir thi first lift.

Ir yi lookin fir business?
shi regretfully says,
it's hard when thirs nae ither way.

See, shiz formed a habit that needs
feedin ivery single day
an thi cravens nivir
go away.

Thi consequences are ir kids
huv been taken away.

6 o clock, anither punter is happily
on eis way.

7 o clock, fae ir handbag
sum perfume an foundation,
lipstick is then applied
it thi back o ir mind
shi asks ir-sel, why?

Shi combs ir hair an lights a fag
then shi heads back
ti thi main drag.

8 o clock, nuthin too glamourous
or flash, it's purely
fir cash, a credit caird
is nae good, on that
shi will pass.

Thirs anither ladder in ir tights
but it's six an half a dizzen
when shi dims thi lights.

9 o clock, a punter is only eftir one thing
politeness an affection,
ei firgot ti bring.

10 o clock shi stops fir a break
an a bite ti eat.
Things huv went quiet on thi street
this paves thi weh fir drunken feet
it taks all-sorts
ti mak this joab complete.

Between half 11 an 12,
thi pub trade brings
merry hell.

Thi night turns ti violence
shi curls up in ir defence,
ei paid eis money
an showed eis strength.

It's power that ei craves
ei turns an walks awah
as eis baets
lave ir face.

13 May 2006
Tam
Shiz oot again thi nite

If Anybuddie Asks Em Dain Jist Fine

A mate o thi brithers called aroond
ti thi hoose a rite mental cunt
we a few screws loose.

Ei wiz lookin fir cash we a ski mask
a hammer an a holdol
how eh dreaded this man's call.

Next wiz a Bell Street cell,
anither crime committed, time ti think
fir a spell, thi perfect place ti dwell,
lookin it time in thi big hoose
whar thi inmates nivir tell.

Thi wurd wiz oot on thi street
eftir smackin a well-kent face
eh caught um neat.

Heavy-duty cunts wir gonna brak meh legs
an put is aff meh feet
nae fire but plenty heat.

Wurse ti cum, got set up an thi hoose
turned ower nae bed o roses
nae four-leafed clovers
jist a sare haed an a healthy
hangover.

Got punted again fae thi screamin skull
when will eh evir learn
eh dinna think
eh ivir will.

Back livin we thi brither again
mare fun an geems.

Got a hundred oors fir thi crime committed
rite up in thi paper jist missed thi
jail, but still gutted.

Eh dinna hae money ti be wined an dined
but if anybuddie asks
em dain jist fine.

Sunday, December 2005
Tam
It wiz pishin ren thi day

Dinna Mess We Meh Jeans

It's only me that kin fit inta me

Em am thi biggest person that eh've ivir been
eh've nurtured an natured ivery single thing
that eh huv ivir seen.

Em a single-celled amoeba an eh live in a bubble
an within that bubble is meh dream
it's meh genetics it's meh true gene.

Eh couldna gee a Dolce Gabbana or a FCUK
when em suckin on a Havana, a Firetrap
like addin Diesel ti thi fire
an Tommy Hiliger thinks he's thi squire
a dark rinse desire.

But eh tak meh hat aff ti Ted Baker an Joe Bloggs
boot-legged it we a regular fit
made a fortune an played
a true tune.

An thi didna live a leh or dae anythin evil
or be a swine like Calvin Klein
he stitches people up doon thir inside leg
ti be wined an dined.

An gits eis kicks oot o Kickers
eis got a belly fir a mansion
strung oot, on thi last strand, hemmed in,
git yirsel a pair o lucky brands
no a patch on Lee Cooper a sharp shooter
a fashion guru tutor.

So how cumfae ir you?
Loose relaxed or regular
whuts yir shape or sehz
wid yi like denim fir thi colour
o yir eyes.

We three fake front pockets
twa back pockets, belt loops
stretch denim, distressed look
an one zip or a button fly.

Hey dinna clone me, thirs only one me
distressed look, low rise, ankle length,
slim fit, a regular guy
we a natural
glint in eis eye.

Friday, June 2006
Tam
Bleached or faded –
eh jist whant a pair that fits

Shiz Aye-wiz A Wumman Ti Me

Shi reverses ir car inta mine ah thi time
an tells me thi wir jist kissin,
an ah thi lids aff thi jam,
thi marg, thi milk, thi mayonnaise
ir aye-wiz missin.

Shiz halikit, an trips up on thi pavement
on a regular basis
an shi gits raed faces
shi hiz me in stitches
but shi taks me fine places,
better than any day it thi races.

Thi bedrooms fuckin freezin
but shi says that shi likes it cool
wha am eh ti argue
when shi taks is oot
fir a jar, racks them up
an shoots sum shit-hot pool.
but eh do let ir bend thi rules,
em fae thi auld skail.

An sumtimes shi really diz win
eh trehed meh hardest
ti keep that ane in.

Shi very rarely gits oot thi ironin board
but tak it fae me
eh ken when eh've jist scored
an shi nivir leaves me bored.

Shi nivir stops talkin aboot ah thi things
that shiz still gotta dae,
but eh love how ir haed wurks

eh love watchin ir ways,
an iverythin shi says
ah week, on thi oor an ivery day.

Shi nukes ir coffee in thi microwave
time an time again
ah eh kin dae,
is smile an say
shiz done it again.

Shiz messy aroond thi hoose
but classy when shi chooses,
shi jist diz it, she jist oozes.

Shiz far too logical we ir thoughts
shi kin see rite through meh feeble plots
an shi kin tell ivery time that eh tell lehs
shi puts is rite,
We that look in ir eyes.

Shi wakes up we a haed like a bothy cat
but shi kerries it well
as a metter o fact.

Shi bracks ivery fancy wine gless
that shi puts ir hands on
an is foriver kickin
ower cups o tea.

But eh love thi fact
that shi lives we me.
Shiz aye-wiz
a wumman ti me.

Wednesday, December 2006
Jist eftir 11
Got thi kettle on
Life's good – only if yi whant it ti be

Dancin We Thi Deil

Tak yir pertner beh thi hand
this is nae ane-nite stand,
doon yir neck an through yir glands.

John Barleycorn an Jock Tamson
ill git yi dancin
an hae yi jolly cheekit
full o it, an reekit,
twa fleh basturds that ir good it
bein sleekit.

Sandy Fry an Auld Nick
ill be there tae, tae hae thi last dance,
tak yir pick, ane o them ill cut yi ti thi quick
an burn baith ends o yir wick,
they twa ill tak yi whar yi whant ti go
it's a hell o a show.

Dancin aroond thi embers o thi spent timbers,
whar yir soul ill be burnt ti cinders
an time yi jist canna hinder.

There yill meet Lucifer
whar yi bow an call him sir,
as yi are, an no as yi wir.

There eil be sat in a flamin chair
we hoarns instead o hair
yiv jist stepped fut inta eis snare,
venom in eis stare, sware-in an cursin,
spittin an ti hell we discipline
eis brewin, bubblin, simmerin awah
under yir skin, sarcasm pents eis grin

as yi miss yir mooth an anither drap
dreeps aff yir chin
now that's whut eh call a fuckin sin.

Laughin on thi ither side o yir puss,
thi side that's cursed
laughin like a man that's no willin ti repent,
whar ah thi rules an regulations
ir buckled, bent an well, well spent,
stripped bare an bare-nakit
there yi stand like a mortal glaikit,
treh as yi might
yi jist canna shak it
jist squeeze it tight an tak it.

Cum an tak a welcum saet
tak thi weight fae aff yir feet
hae anither swift ane,
an hae it neat,
cum an feel thi haet
cum an meet yir mates
Auld Shanks ill mak share o a spare bed
even although yir no legally wed.

Now thi fire an haet is rage-in
yir haed is pickled an thi war is wage-in
thi baest his got yi caged in.

An yir deep in Hellie Mans rigs
whar yir haed an yir eyes ir playin tig.

But yir thi belle o thi ball
fuck them all
lost sumwhar ben thi hoose
an yir tongue is jist a tad loose.

Now yir dancin we thi laird o thi dance
now yir in that trippy, trippy trance

Petered oot an drookit, o Christ
yi dinna half look it
we gaists an hoolits an oolets
roostin in yir rafters
glorious an victorious
is yir far awah laughter.

We nae chance o any romance
when yi save thi deil fir thi last dance.

Thursday, October 2006
Eh think eh fancy a dance

Tribal Tongues

When three guys fae Dundee got thigither
an filled thir lungs an united thir tongues,
we thir urban speel fowk started ti listen
thi heard thi real deal,
we tell it how it is
we tell whuts real.

It's oor honesty that cums shine-in through
first class return fae sender
it's no ment ti offend yi
but it's brand new

Clean cut an cut clean
fae thi hert o thi Dundee schemes

A chance fir us ti git up here an say
whut we've seen
livin oot wir dreams
as eh remember rite back, fae wi wir knee-heh
rite up ti wir teens, how it wiz, how it is
an how it's aye-wiz been

Livin in multies we lifts that wir
aye-wiz faulty
so wi tane ti thi stairs
nae complaints, it wizzna sair
nae first class treatment there
an em nae wurse aff fir wear.

Hard lessons in life wir taught an fought
that happy times an love
kin nivir be bought
it costs nuthin ti hae
a tender thought

If iver yi hid
nae mulk or sugar, yi kin aye-wiz
depend on yir nebir
we cup or bowl in hand
in thi same boat, a hert that understands
a simple life we nae complicated
or master plans.

But well earnt, like a hard day's graft
an in return thir wid be
a herty laugh, hain a rite kerry-on
an actin thi goat, an actin
half daft.

We nae second thought in thi fluent an flawless
weh that we talk, it's no a lake or a lock,
it's a loch, it's as solid as a boulder
an sounds fuck-all like a rock.

Sharin wir stories, an no votin Tory
so wi ended up we Cherie an Tony.

But happy ir we when yi turn thi tide
we've got a carin an sharin side
roots deep in a hardy pride
whar oor language an identity
seems ti huv lost its weh
in this society that creates
a class devide.

We've got a rich an ready weh
in how we convey
straight ti thi point we
whut we whant ti say

That should be savoured
alang we thi slavours
meltin on yir tongue like a bag o Quavers
an em here now ti dae it
sum favours.

Eh love thi texture it geez ti thi air
an how in yir ear
it gits snared, fest an clear
as sharp as any spear

El burst yir bubble
el mak yi hear.

An when eh recite these verses again
ah these wurds ill reap an no be raped
but simply jist reappear

Said we conviction an nae restrictions
an no an unce o fear,
so dinna let it fah on daef ears
an dinna insult me
beh sayin eh talk inadequate
or queer.

How do yi measure a sense o pride
eh've jist telt yi fae meh hert
an ah that eh feel fae oot
an inside, eh hope that eh've made
meh presence felt
cause nae langer
eh let it hide

Here yill no read nane o this
in thi bible.

This stuff is true
an this tongue is tribal.

Tuesday, December 2005
Tam
Em gled ti get that aff meh chist
Spot on

Wastin Awah

It's hard ti accept, when eh reflect,
on thi state that meh brithir
his got eisel in through
thi drink an drugs.

Score-in fae hooses
an drinkin in pubs,

Then kerry oots an even mare drugs,
bottles o cider that costs
jist a couple o pound,
straight doon eis neck
then in oblivion,
ei kin be fund.

Mixin we ah thi wastes an strays
takin Valleys,
Diffs, an Mistys.

Enough ti put anybuddie flet
on thir back,
but ei dizzna stop there
ei turns ti smack

Wastin awah as ei puts
eis existence on show,
eis only thought
is whar he'll
score tomorrow.

2004
Tam
Sad but true

Confused

Shi his thi best o baith worlds
but one shi must choose
how much ti gain, how much
ti lose?

How lang is too lang or hiz it been
too lang enough.

A new start, time apert, sum breathin space
it's time ti look it yir face.

A soul that's gotta be found
an a life that must
be crowned

Ir search taks ir ti me
confused

so am eh, so is shi

Ir emotions ir in uproar as shi
knocks on meh front door
as shi looks it me
ti tell ir thi score

Thirs nae easy answer when shiz
merried we twa kids
a thorny situation nae easy
answers ti give.

23 October 2004
Tam
It's a sair ane

77

Sair Ti See, A Sair Sight

Me an meh mithir went ti see mi brither
thi day, but ei wizzna in thi hoose
eis actually in thi hospital
up in Montrose, whar eis facin
eis fears an foes.

Thi call it Sunnyside, whar thi walkin
wounded treh an nurse
a swallyed pride.

Fae thi demon drink an its powers
ti subside, it's fucked eis mind
an eis insides,
lookin lost in diluted thoughts
trehin ti mak sense
o eis life's events.

Twenty years o alcohol abuse
eh kin see eis fears
as ei sobers up ti thi
naked truth,
an thi lang road ahead
that stems back
ti eis youth.

Like trehin ti climb Everest
in a string vest
we hurdles on each bend
as thi bottle crehs
'Ower here mi friend.'

PARANOIA rippin through eis haed,
whar anxiety an stress
tak a welcum saet, an if ei lets them
they wull decide eis fate,
twa traitors that ill happily
fill eis baets.

An lave um in a sorry, sorry, state
we salted tears
an a haed full o
hate.

Wednesday, October 2004
Tam

Skin An Friction

Eh've trehed ti describe it in so many wurds
but eh feel that eh've failed
ti touch on that physical side.

Thi ane that sparks aff chemistry,
thi atmospheric stuff
thi stuff yi canna bluff,
thi stuff yi canna hide

A frame o mind that dizzna blend
in we time, so far awah
but so close

A trance-like state whar
hazy Jane taks a welcum saet,
plays ir games an maks
irsel it hame.

Affection becomes an addiction,
bondin deeper through
skin an friction.

It's a care-free an a comfort zone,
it's a place that jist
we own.

A new world within a world
that touchy, feely, needy weh
smitten we emotions
dribblin, leakin
like honey seepin doon its jar.

Ah cozy, warm an safe fae life
an any o its bad dealins,
safe fae any ill feelin,
a sanctuary set in thi perfect
territory
framed within a pleasin
memory.

Sunday, June 2005
Tam

Reekin We Respect

Here's ti a bonnie dialect, that si many
choose ti slander, ower meh daed boadie
eh refuse ti let them wander

Thi've got a hard neck
this dialect is reekin we
respect

So em here ti dae it sum justice
jist beh bein honest
we ah its oaryness, rahness an roughness.

Eh kin tweak it fine in tune
an when eh speak it, it amplifies
thi hail room

Or eh kin dae it really saft spoke-in,
a pleasure ti hear an em no jokin

But eh kin spice it up an gee it some clout
it even sounds better when eh
start ti shout.

It's thi wurds that crop up
fae oor streets,
thir no plastic thir quite unique,
thir close ti hame
like thi souls o meh feet.

Thir jist thi rite sehz, thir perfect
thir nippit, thir neat, thir solid
thir concrete.

But thir wild, an thi wander
thir straight ti thi point.
thi nivir git squandered.

Sunday, 2005
Tam
Eftir thi gala day in thi Ferry

Shi Glows

Eh love thi weh ir hair fahs
across ir face, eh love thi weh
shi loves me, we nae disgrace.

Shiz got a mind o ir ane
an shi rarely complains.

Shi moves an handles irsel well.

Shi articulates, shiz in meh thoughts
when eh masturbate, shi simplifies
an nivir complicates.

Shi brings a certain sumthin
as shi electrifies thi air,
a natural source o energy
an a hert that really cares.

Ir presence is felt as shi enters
any room, shi lights it up,
shi maks it glow
shi'll be here soon.

Shi controls thi temperature
shi reads literature
shi feels like part o thi furniture.

Em so contented sat within ir company
shi creates thi perfect harmony.

Wednesday, June 2005
Tam
It's ah good

Scotland (1)

Hame is bein Scottish
It's thi past
It's thi present
It's thi here
It's thi now.

It's thi pride
It's thi passion
It's thi perfect fashion.

It's thi glory
It's thi greenery
It's thi scenery
It's thi wildness
It's thi tranquility.

It's thi hert
It's thi history
It's full o myths
an mysteries

Aboot thi battles fought an won
led beh thi Wallace an thi Bruce
as thi fought fir Independence
ti cut loose
free fae an Inglish noose.

No firgitin Sir Walter Scott
an oor man Rab wir there
ti thickin thi plot,
makin share that time an language
wiz nivir firgit.

It's thi tartans
It's thi pipes
an yazin wurds like

glakit
halakit
barkit
crabbit

an

clype.

Potted hough
haggis
stovies
sybies

an

tripe.

It's thi hills
thi heathers
thi lochs
thi glens

It's aboot oor Highland Geems,
tossin thi caber, throwin thi hammer
an bein five hundred miles
awah fae thi Thames.

We hairy coos an hardy baets
Highland dancin
an bonnie views

Golden eagles
ospreys
raed grouse

an

capercallies,

bothies
ceilidhs
clansmen
kilts

an

claymores,

blended
single malts,
whisky galore.

It's thi Highlands
an thi islands we wir,
stags
nooks
crannies

an

crags

It's ah that, an mare,
It's bein Scottish
with-oot thi raed hair.

But it's much bigger than that
It's jist bein Scottish
an it's as simple as that.

Sunday, 2005
Tam
Eftir a lazy day

A Piss Christmas

Dad jist gave it a miss
eh canna blame him.

Yi see eis got a growth in eis throat
startin fae thi base o eis tongue,
eis only 59, eis still young.

Thi doctors ir still lookin fir thi answers
aboot this basturd thi call cancer.

Yi see, it creeps aboot withoot an invitation
an gatecrashes life, regardless
o yir situation.

Lyin dormant, sleepin temporarily,
thi tormentor becomes reality.

Thirs nuthin that yi kin dae, when
it hits hame on Christmas day
life's a gift
why must eh learn this weh.

Dad jist gave it a miss
that's how Christmas wiz piss.

Friday, December 2002
Tam
x

89

Positive Vibration

Here eh stand in civilisation
ane o thi population
amungst thi nation.

On an island on thi highlands
suroonded we wattar polluted
we boats kerry-in cargoes
that floats.

Thi call it black gold,
but it's really dead slick
it covers ah thi burds feathers
it's worse than ticks
it kills aff nature effectively.

As so many burds put on display,
they canna claim fir compensation
thi've no got a national insurance number
or an occupation.

Positive Vibration?

Says thi guy wha sails thi boat
that hit thi rocks
that polluted thi sea
that covered thi burds
that blackend thi coast
that done thi damage.

But hey sorry like,
it wiz only a mistake
it ill no happen again,
but there again,
whas ti say whut happens tomorrow.

It means nuthin ti me
eh feel nae sorrow.

Wednesday, March 2003
aboot ten

Ti Meh Fathir

Hullo there fathir,
ir yi dancin in heaven?

Kin yi see me now
an thi life that yiv givin?

Hullo there fathir,
eh kin see yi lookin doon
eh kin feel yir presence
em so proud ti be yir loon.

Em nivir shoart o things ti say
but eh miss yi an will aye-wiz remember
thi thirteenth o May.

But dinna wurry eh winna crumble
a blow like that wiz hard ti tak
but yi made is strong enough
no ti stumble.

Yi taught is well
an how ti cope
an gave is hell fir smokin dope.

But eh've aye-wiz been a but o a sinner
but hey there fathir
you made me a winner.

Thursday, July 2003
Tam
Sair ane

A Quiet Corner

It's mine fir an oor,
eh've no rented it
but em contented
in it.

It's free,
it's whar eh whant ti be,
it's no a nook,
it's no a crannie,
belly doon in thi grass,
it's no insanity.

Ponderin, wonderin.

Am eh really here fir an oor?
Whuts thi purpose?
Look it thi coulour o
that bonnie flooer.

Thirs flees on thi pad,
hey there mate, your in meh space
dinna mak me mad,
eh kin be a rite bad basturd if eh whanted ti,
see if eh whanted ti,
eh kin splatter yi.

But it' no in meh nature
but yir in mine.

Sunday, July 2003
Eh got um
It's quiet now

Dead Pan

No me,
em a fuckin chip pan
ready ti ignite, eh dinna lead
beh example an eh dinna talk
shite.

Eh dinna walk aboot we meh eyes
closed tight.

Meh eyes ir wide open,
thir big
thir bonnie
thir bright.

Eh dinna need thi upper hand
eh jist dinna let meh haed
go near thi sand.

Eh dinna whant ti be dead camp
or dead pan,
eh jist whant ti be me,
misel, thi man, an tell it how it is,
an tak a stand.

As eh tak a breath an fill thi air
we wurds that eh command.

An put on a display,
that might git oot o hand
an turn nasty,
a controlled aggression,
complete we facial expression.

It relieves meh tension
thirs nuthin that el no mention.

Eh like ti cut ti thi bone an flesh things oot.

It's an extension o meh bad intentions
em a fucker when eh git thinkin
will sum cunt
git me a fuckin
drink in.

Thursday, November 2002
10 0 clock
Jist lit thi fire

Thi Shootin Gallery

Doon in thi dungeon ten feet deep
boadies lehin aboot,
an naebuddie kin speak.

Eh ken it's self-inflicted
but em addicted
o whut a fine day in thi
Shootin Gallery.

But thi dunt is great
an thi works hiv done
thi trick.

Meh haeds in thi gutter
an em feelin sick.

As eh mutter in junkie jargon
speech dead slur,
an appearance,
yil jist hae ti pardon.

Yi see,
eh dinna see whut you guys see
that's thi difference atween you an me.

It's jist thi weh it is
in thi Shootin Gallery.

Trehin ti talk sense fae thi land o
nod, as yi fix up yir works
an handle yir god.

As yir thumb pushes in whuts in
yir syringe, then yir hair stands
on end welcum ti yir best
new friend.

Nae communication,
meh reality shows on meh
facial expression.
Thi ane o depression.

Wednesday, eh think, June 2001
Tam
Di yi ken any cunt that's got
This is drehvin me up thi wah

Try Bein Me

Naebuddie said it wiz gonna be easy
thi things eh've done wir
predictable, precarious,

These situations that eh wid
find meh-self in wir nuthin
new.

Thi things that eh kin tell yi
wid send shivers up yir spine,
ivery day when eh glance ower meh
shoulder meh days git calder.

These thoughts o mine ir no
ablaze, but thi jist seem ti
smoulder

Ir thi mine? Eh dinna ken.

Still thi smoulder, as time gits
anither day aulder.

Meh dreams ir in distant lands,
bitten fingernails, shattered plans.

Tickin ir meh thoughts, we
negative vibes, these thoughts
eh jist canna describe.

But eh deal we thi best eh can,
an still
eh call misel a MAN

Try bein me.

A man eh am, thi things em dain now
eh shoulda been dain a lang time ago
eh've now learnt a lot o things
that eh nivir knew.

Only now when eh look ower meh shoulder
thirs nae shivers up an doon meh spine,
time is o thi essence
ablaze we positive vibes

Ir thi mine? Eh do believe that thi are,

Still as time gets aulder
lands distant ir held within meh dreams
held thigither we nails
an a new set o plans.

Tickin we thoughts that eh kin now describe
in wehs ti thi best o meh ability
fae a man that's delt we a few problems in life
an hid ti cope an tak responsibility
in order ti reach
meh full capabilities.

Try bein me.

Tuesday, January 2002
Tam
That's better

Eh've Met Yir Type Afore

How ya doin there gorgeous, kin eh git yi
a drink there doll, ken this eh've been lookin
aboot ah night an you've got ti be thi sweetest
thing that eh've seen in a lang time.

Yi put meh wheels in motion like sum kinda
love potion.

Eh feel a spring in meh heels, an you look
like spring in thi air.

So hows aboot takin ti thi dance flair?
O eh really love yir hair, it maks yi look
so natural, radiant an fair, jist like
thi queen bee, smothered in honey.

As fresh as thi mornin dew in thi
merry month o May.

Yir hair's lookin lovely, how do yi git it
sittin in that way?
Well stone me, fuckin hell
eh knew it hid ti be l'o-re-al, coz yir
wurth it.

O you're a bra dancer.

> He's a fuckin chancer, but eis no a bad mover
> eh wonder if ei'll be able ti yaze thi hoover?
> Or wash a dish? Wull ei aye-wiz be pished.

> How often diz ei cheenge eis socks?

El bet yi that eis jist wantin eis rocks aff
ei must think that em daft.
But ei sounds like a no bad lad,
ower dain it jist a tad.

Eh wonder if ei lives we eis mither?
Wull ei git on we meh mither?
Nae matter whut thi whither, ren or shine,
wull ei aye-wiz be mine?

Cum whut may, will eh cherish that day,
eh hope that eis no gay
or eftir eis wicked way.

Hey there doll, fancy comin back ti meh pad
fir a wee nightcap or a cappuccino?

Awah yi go yi, yi must think meh haed's
zipped up thi back or on thi crack.

Yir jist lookin fir a shag, awah yi go
hame an hae a look it yir porno mags
whut do yi tak me fir, a slag?

Thi truth is sweet an so is honey so save
yir breath, an yir money,
yir patter's shite an
yir no even funny.

Em no yir doll or thi queen bee smothered in
honey, cum whut may, eh wid rue thi day an
fuck bein thi mornin dew in thi merry
month o May
an by thi way,

eh git meh shampoo free, fae thi doctors,
on prescription,
cause mi scalp's foriver itchin.
An as fir that spring in yir heels,
Kwik Save's sellin pogo sticks,
twa fir thi price o one,
now that's whut eh call a deal.

So now sweetheart el hae ti put meh wheels
in motion, off hame, oot that door
an em sorry ti hae ti tell yi this,
but eh've met yir type afore.

Sunday, January 2002
An eh ken whut else eh telt um
Eh said

Livin On Meh Ane

Eh kin fart it wull or sleep on thi flair
eh dinna evin need ti comb meh hair
or mop thi flair.

Naebuddie seems ti care coz
thirs naebuddie there.

Eh kin stand it thi mirror an gee misel
evil stares, an wipe meh erse we auld
newspapers.

Eh kin stand on meh haed an dae withoot braed,
eh kin piss in this sink an go aboot
like a mink.

Eh kin shout vulgarity at Anne Robinson when
eh watch Thi Weakest Link.

Eh kin tidy up when eh want
it's no a disease, eh cum an go as eh
please.

Eh kin eat whutevir or whenevir eh whant
eh've evin been kent ti dae a rain dance
chant.

Thirs nae set time fir feedin time eh kin
dine any time.

Eh kin let meh grub go cald or hairy mouldy
eh kin aye-wiz eat it on anither day.

It's no that em lazy or eh dinna care
an yi kid say that em a wee but wurse fir wear.

Thirs nuthin that el no eat, eh wid
lick thi tae jam rite aff yir feet
eftir a couple o weeks.

Cause naebuddie seems ti care when
naebuddies there.

But em learnin pretty quick, no afore time
eh think eh must-uv been geein misel
ane o they evil stares in thi mirror.

When mi feet stuck ti thi flair an eh couldna git thi
comb oot mi hair.

Eh felt like a mink when eh looked in thi sink.
an meh arse wiz ah sare we thi auld newspapers.

So eh decided ti call thi hail thing ti a halt
an got doon aff mi haed an went fir braed.

So eh cleaned up thi hoose, now thirs
nae excuse, eh got misel a routine, brand new
fae meh self esteem.

Now em back on thi scene, plenty good habits an
meh feet ir clean.
Eh've learnt so much aboot misel
now eh dinna dwell, am em no so vain
eh've adjusted ti livin on meh ane.

Tuesday, June 2003
Eh it tane yi lang enough

El Tak Meh Hand Aff Yir Jah

Mum, whars ah meh socks?
In thi drahr whar thi aye-wiz are,
whut aboot meh trainers?
Open yir eyes, thi'll no be far,
if yi tidied up that room,
eh mean pig steh, yi wid mibe find whut
yir lookin fir.

Em seek o yi askin me whar ah-thin is
an em seek o cleanin that room oot tae
yi lave ah-thin lehin it yir arse
yi dinna mak yir bed,
well yi kin leh in it, coz em no makin it
fir yi.

Fae now on em refusin ti evin step fut in it
yir a dirty pig,
thirs plates an cups an god knows whuts
lehin under that bed.

So git in that room an dinna cum oot
till it's done,
an dinna bathir lobbin ah-thin back
under thi bed.

It's like thi black hole o Calcutta
under there.

Did eh hear you swear?
Dinna roll yir eyes it me
di yi think that eh canna see
it's like talkin ti thi wah

An if eh git any mare cheek oot o you
el tak meh hand aff yir jah
an yill no be goin oot ah ta.

September 2002
Tam
At least thi room got cleaned

Swed

Hey you yi cunt,

Whuts yir pluck, yir takin thi piss
an eh've hid enough
play thi geem, yi ken thi rules
stick ti thi plan
an play thi rite man.

Yir pissin is aff, yir ware-in is thin,
yi ken thi score, eh've telt yi afore
em seek o yir shite now there's thi door

Yi canna pull thi wool
ower meh eyes any mare
so dinna geez yir shite
or tell any mare lehs.

Yi blether through a hole in yir arse
an expect thi hale world ti laugh
yi talk a load o shite
an expect me ti believe

when yir haed is full o broken promises
an yir aye-wiz lookin oot ti deceive
an thi ir churned oot it an alarmin rate
but yi dinna seem ti gee a fuck
yi jist sit back an let it escalate
whars yir morals, an yir manners?
yir turnin is against yi
it's turnin inta hate.

Call yirsel a man?
Yi ought ti be ashamed
fir thi weh that yi kerry on
an nivir tak thi blame
fir yir actions that ir so vain
yir no thi only ane
that feels thi pain

Grab yir life beh thi scruff o thi neck
show yirsel that yi can
play thi geem, be fair
an play thi rite man.

Tuesday, 2003
Eh ei might learn yit

Full Flow

Meh reason fir rite-in poetry
is ti stimulate, then activate, thi wurds
that eh now generate.

Then they penetrate, like a burnin desire
it diz so inspire.

Meh wull ti rite wurds we passion
put thigither in an orderly fashion
then in meh eyes thirs an instant
attraction.

Meh poem hiz now kick-started
rite inta action.
O boy diz it gee me satisfaction.

Now eh jist whant ti keep talkin,
an rockin an tell yi things
that ir shockin.

Eh love ti caress an undress an express
it's flowin, it's movin, it's funky
it's happenin, it's here, it's now
is it me, or is it yi
or is it us?

O it's happenin again, em off again
em comin alive,
it's fresh, it's fest, it's got rhythm
it's got soul.

It's thi feelins eh've got that eh yaz ti survive,
eh rite them doon, that's how eh talk
eh've learnt ti walk, eh've learnt ti work
it ain't so bad, but eh still feel
thi hurt.

But it's meh passion ti rite
that maks me feel ahrite
nae nonsense, nae bullshite.

Jist thi weh it is
thi weh it's aye-wiz been.

Well that's jist aboot enough fae me,
em comin ti thi end, em nearly free.

This is how eh tell meh poetry.

Wednesday, November 2002
Tam

A Place Ti Call Hame

Whuts thi Hampden roar wi you?
Walkin aboot we yir haed twa
days behind, an still yir
thinkin things ir jist fine.

When reality kicks in, then it's a
different story.

Is this thi place ti call yir ane?
Is this thi place ti call hame?

O so yi feel thi pressure ready ti
explode?

Jist play it cool, dinna pull thi
plug, yi are nae thug
git on that road, dinna look
back, dinna explode.

Start ti be that sumbuddie that
yiv aye-wiz whanted ti be
dinna haud back, grab yir haed
an yir thoughts an lave thi
past, jist let it rot.

They things ir better aff firgot
It's no even worth thi thought, ti
tether yir haed in a knot.

Set yir sights, set thi standard
man, yir a star, man yiv got
it ah, an man, yi wull go
far

Roam, roam until yi find whut
yir hert desires,
then eh believe that yi'll find a
place ti call yir ane,
a place ti call hame.

Whut a delight, sittin in meh chair
without a care, naebuddie ti nip meh haed,
naebuddie fillin meh thoughts we
bad vibes, only now do eh feel thi
sparkle in meh eyes.

As eh gaze oot meh windee fae
meh chair, fae meh livin room,
fae a place eh kin call meh ane
fae a place that eh call hame.

Fae whar eh kin express, caress
an undress a dream o success
an rite at wull, until meh hert is
content an ti tell stories o
times less well spent, at thi
expense o ithers, this wizzna meh
intent, fir meh actions which eh resent.

How kin eh be full o hate an
anger o which eh couldna control?

Only now huv eh captured thi
essence o life,
fae meh chair
fae meh livin room
fae whar eh gaze through a windee.

Fae a place that eh call meh ane
fae a place that eh call hame.

Sunday, March 2002
Tam
Thi kettle's on

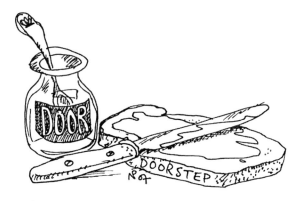

A Shower O Thought

Eh've jist recently been resurrected,
now em fuel-injected
em feelin cool an fresh
an em ready ti impress.

Expressin misel like sum kinda blessin,
driven we desire that maks is inspired.

Em now a doer an no a talker
eh've got mare enthusiasm than Murray Walker.

It used ti be jist me,
eh thought eh wiz a non-starter
now, em beltin oot ah this banter.

Life's a stroll, it's a canter
so dinna be wha yi dinna whant ti.

Accelerate yirsel, communicate as well,
eliminate thi anes wha wait
wiv only got a fraction in time
an eh've nae time fir nae action.

Sort oot yir abuse, execute yir excuse
hit it we thi truth
yiv got ti be ruthless
otherwise it's fuckin useless.

Thursday, November 2002
Tam
O he's terrible

Thi Mither Tongue

Eh wiz boarn an bred in a toon called Dundee,
so wiz meh mither an fathir afore me.

Wiv got a habit o talkin dead fest
we oor speech o, which eh wiz blessed
thir ir sum that say it's a wee bit rah
well eh dinna think so ah tah.

Eh think it's brah,
it's fine an dandy, it's loose an free,
when eh talk in broad Dundee,
it's jist as meh fathir aye spoke ti me
fae eh wiz wee.

It's meh mither tongue, it's a weh o life
eh think thi talk wurse ower in Fife
they ah cha thi cud an talk like teuchters
an thi ither half, there ah poofters.

Well em fae Dundee, an proud ti be
wiv got sum dodgy sayins – el gee yi that,
but thir no that bad ti thi Dundee ear,
It's ah they ootsiders that think it's queer.

Well em seek sair
we thi Dundee tongue bein brought doon

That's how em here thi day,
ti put yiz straight,
eh love talkin loose an free
when eh talk in broad Dundee.

It's whar em fae,
it's meh identity.
It's fae thi hert
eh share it we meh mither
meh fathir, meh brither

An ah thi fowk eh ken
we nae airs or graces
as eh go aboot an talk
ti Dundee Faces.

Wednesday, January 2002
Tam
Ahrite neebir

Thi Gulls

Thir sat on thi wah
aboot fower feet awah.

Thir's only twa,
ane's roostin
an ane preanin.

An me, em watchin
an we're jist
lookin.

Thursday, September 2003
Tam

Eminem

Eminem,
ei's no got a patch on me
thi sweet-talkin guy fae Dundee.

Any cunt kin jump on a stage
an shoot eis mooth aff,
we wurds that eis wrote on a page.

Eh, ei tells it in eis very ane style, but,
ei bores thi arse aff me eftir
a while

Walkin aboot
we chainsaaz
an touchin eis baaz

Wha thi fuck diz ei think ei is,
touchin eis nuts in front o thi kidz
an gittin them ti talk jist like he
diz.

Eh dinna whant ti talk like thi Yanks
no fuckin thanks

Fir it's a good Scots tongue
eh've got in meh haed
an eh love yazin sum o thi language
that's meant ti be daed.

It's fut-loose an fancy-free
it flows oot meh mooth like a cannie breeze.

So hey there mother-fucker, cock-sucker
git yir arse across ti Dundee
eh ken yi canna talk
as fest as me,

Eh wid rather ejaculate than emulate
cheers now buddie
love fae Dundee
your mate
            x
                                Monday, September 2003
                                        Tam
                            O he's an affy laddie

Scotland (II)

Eh firgot ti mention that wi love wir
porridge oats, wi love bein thi underdogs
an wi nivir fear Raedcoats.
Wi still git telt it thi skail
ti talk polite, now that's whut eh call
'no rite', three cheers fir
Bonnie Prince Charlie
an thi Jacobites.
It's thi hame o ivery romantic tale,
rite doon ti bothies, pots o broth
or yir grannie's kale,
even Nessie's got ir ane tale,
Loch Ness, up beh Inverness is
whar shi sets ir sails.
Even thi Romans got lost in thi gloamin,
thir wiz nae grapes or olives
up here ti be fund,
jist persistence, resistance
an a harsh grund.
Thi couldna git thir haeds aroond
how thi couldna conquer
a country so sma
so thi bricked in thi Picts an called it
Hadrian's Wah.
Nae bathir ti us
nae bather ah-ta.
Still oor rivers flowed
takin a well kent road.
Thi couldna stop thi watter
that fell doon thi mountain side
an thi salmon still swam up
thi Tay, thi Spey,

thi Dee, thi Don, thi Clyde.
An still we roamed aboot oor
beloved countryside.
We a sonsy face an thi Selkirk Grace
shack a leg, an a dance ill tak place.
Sneukit, sleekit an snell
o wi dae it so well.
Wiv got lugs fir ears an scissors ir shears
fae yir een fahs tears.
Snah, sleet, shinty, tatties, mince
neeps an sheep,
midgies, Munros an mountaineers.
We meh hand on meh hert
an meh hert on meh sleeve
an no an unce o fear.
Scotland is firiver.
Eh hope that eh've made misel clear.

Sunday, July 2006
Tam
Eh that's jist aboot thi sehze o it

121

Luath Press Limited

committed to publishing well written books worth reading

LUATH PRESS takes its name from Robert Burns, whose little collie Luath (*Gael.*, swift or nimble) tripped up Jean Armour at a wedding and gave him the chance to speak to the woman who was to be his wife and the abiding love of his life. Burns called one of the 'Twa Dogs' Luath after Cuchullin's hunting dog in Ossian's *Fingal*. Luath Press was established in 1981 in the heart of Burns country, and is now based a few steps up the road from Burns' first lodgings on Edinburgh's Royal Mile. Luath offers you distinctive writing with a hint of unexpected pleasures.

Most bookshops in the UK, the US, Canada, Australia, New Zealand and parts of Europe, either carry our books in stock or can order them for you. To order direct from us, please send a £sterling cheque, postal order, international money order or your credit card details (number, address of cardholder and expiry date) to us at the address below. Please add post and packing as follows: UK – £1.00 per delivery address; overseas surface mail – £2.50 per delivery address; overseas airmail – £3.50 for the first book to each delivery address, plus £1.00 for each additional book by airmail to the same address. If your order is a gift, we will happily enclose your card or message at no extra charge.

Luath Press Limited
543/2 Castlehill
The Royal Mile
Edinburgh EH1 2ND
Scotland
Telephone: 0131 225 4326 (24 hours)
Fax: 0131 225 4324
email: sales@luath. co.uk
Website: www. luath.co.uk